Uniquely You: Embracing Your Spiritual Significance.

Usted única: Abrazando su significado espiritual.

By:
Nicole M. Blackwell

PublishAmerica
Baltimore

First printing

PublishAmerica has allowed this work to remain exactly as the author
intended, verbatim, without editorial input.

Hardcover 978-1-4560-0124-7
Softcover 978-1-4560-0123-0
PUBLISHED BY PUBLISHAMERICA, LLLP
www.publishamerica.com
Baltimore

Printed in the United States of America

Dedication

This book is dedicated to my beloved family especially to my dear father who raised myself and my sibling; your hard work and sacrifice is immeasurable, and my praise insufficient.

Overview

When one gives his or her self to Christ one becomes identified with Christ Jesus. One -as it stands-is the very structure in which the Spirit of God resides (Rom. 6:19). Upon understanding said fact, one must believe that dishonoring God in any way -in his residence- is in fact sin-sin in a sense that there are ramifications for one's actions. Some view sin as something that can be washed away by God, which is in essence true, but what if you are unaware of your sins. This true prospective directly hinders and blocks an individual from realizing his or her full potential in God; on the other hand, by pin-pointing the objective of leading a lifestyle of confession and repentance, one can surely become justified and redeemed in Christ (Rom. 6:11). After redemption, by accepting God [his will], and applying his will [God's Living Word or Bible] to your life, you are sure to experience the abundant life (*see* John 10:10) that God came to share with those who accept him.

The Challenge of Living Holy
(Moral Standards)

First Corinthians addresses sin directly. Direct reference to sin is rarely indicated through-out the church's standardized community; standardized in the sense of the everyday practice of attending a church and the activities that stem from involvement in a church. Rarely, are the topics of immorality addressed directly, therefore, there exists an influx of individuals who become desensitized or turned off from the church. The church and its leaders will -unfortunately- be held accountable for its omissions[negligence, or careless disregard],as the church has a higher and united duty to uphold and defend the principles of God. In First Corinthians 5, the scriptures alludes to the fact that the unrighteous [morally depraved individuals] will not enter into the Kingdom of Heaven (vv.1-13) Furthermore, the topic also suggests that there -as included in the line of the unrighteous- are extortionists, Webster's dictionary defines extortionists as persons who obtain money through illegal methods of persuasion. My friend, there are many extortionists -even in the Body of Christ- some more subtle than others; some even use the word of God to manipulate God's people to give to visions, dreams or directives that are not of or for God's purposes. However, extortionists along with drunkards and fornicators are all aligned with the unrighteous. Why do I stress this point? I stress the point because the point is in fact emphatic-you cannot take away from it or add to it; the scriptures in other words cannot be loosely interpreted; but

7

rather, it must be strictly interpreted. The bible- for the sake of solution- warns the righteous to cast away from themselves unrighteousness and the unrighteous[wicked] (*see* 1 Cor. 5:13).

Moreover, one must identify sin as a thing that can corrupt, one must be known by his or her good works, which is a sign of his or her Salvation. A tree -as written in Mathew 12:33- is known by its fruit, meaning that a tree that produces bad fruit lacks the evidence of the presence of the Spirit of God, which yields the fruit of the Spirit of God (*see* Gal. 5:22-23). Sin is referenced as a spider's web for its flimsiness-meaning that an individual wavers when he or she is in sin [outside of the stability that is obtained through a proper relationship with God- which purges a sinner of sin] (*see.*1 John 6-7, Jas. 1:6, 1:22, Heb. 10:23). Sin is also referenced as uncleanliness (*see* John 1:9 KJV). The reason why I outlined this truth is to point out the fact that God does not take or see sin lightly. He takes it very seriously, the bible warns that if your heart convicts [condemns] you than you are in sin (1 John 3:21). However, the best way to determine whether you are in sin is by reading, understanding, and interpreting God's Word. The scripture stresses the fact that one should avoid being beguiled or mislead by men, by referencing God's book- the Holy Bible (*see* 1 Cor. 4:6).

Protecting Your Faith

Keeping or protecting your faith has become an increasingly difficult task; with all that goes on around you from the news, the war, proverty, and other disasters -both natural and man made-the ability to keep focused on your faith is an increasingly daunting task. For the most part, one must remember from the beginning when he or she felt lead to accept Jesus Christ into his or her heart and the power that sustained him or her there; one must analyze the lifestyle he or she lives now and differentiate that life from the one he or she lived then.

The power of God is witnessed in one of two ways: faith and results. One initiates faith by accepting Jesus Christ as Savior-then one reaps the benefits of a lifestyle given to Salvation. A person who walks in the Christian Faith[Light] is significantly different from an individual who does not walk in the faith[darkness].

Overcoming Darkness

In today's society-especially today- it is most difficult to overcome the darkness that is prevalent in the earth; one must realize that there are numerous obstacles to overcome from birth. The fact of the matter is this; there are some who never maximize or reach their full potential. The question formed for this basic observation will be quite naturally- Why? The answer to this is simple: persons have to overcome spiritual opposition; works of the Tempter (Satan), and natural opposition (everyday circumstances). Everyday circumstances are situations placed before an individual to place a person in chains or bondage. However, God placed within an individual enough power to overcome circumstantial bondage (*See* Acts 12:7, 1 John 4:4). God's purposes outweigh the plan of man- so any attack against a man or woman of God is often thwarted by God (*See also* Is. 54:17). But, the fact remains that these forms of attacks truly exist; one author alluded to the fact that you can pit a battleship against a canoe -although the unlikeliness of the canoe succeeding in battle is prevalent; that certain defeat will not stop the attempt of the canoe against the battleship.

Respecting Others

Understanding integrity and morality strengthens both personal & professional relationships. As God is the focal point or center of all relationships, one should understand that but for God honoring his commitment to his people-we would not have the blessing of Abraham today -eternal life[Jesus Christ-himself] (see Gen. 22:18, 1 John 5:9-11). Now, one must realize that God is not a respector of persons in a sense of partiality or bias, but rather he honors his commitments, and he is loving towards those who are sometimes unlovable (see Deut. 31:27). When others are unloving or disrespectful to one another it undermines the strength of God's commitment-when he sent Jesus to die for humanity-he did it in love-when persons act unlovingly one toward another- although expected - God's efforts go unrecognized. God wants persons to possess a substantial witness as to his love. When men and women fight one another or curse at one another, it does not show love, but rather hate-the bible compares hatred to murder-in essence you are murdering your fellow man when you fail to direct that person to Salvation through demonstrating God's love. Hatred is just one form of disrespect towards others or the opposite of serving others by love (see Gal. 5:13).

Disrespect can be demonstrated through the sin of omission -by failing to complete an assignment or to follow through with a request made of you -you demonstrate a lack of love or respect towards the corresponding party. God wants individuals to put forth effort into what they do and to observe carefully to follow through with plans, goals, assignments, and requests.

Establishing a Relationship with God First

Maximizing your potential in Christ is the result of a right relationship with God. When you are connected to God you experience him, by knowing him and his ways. Furthermore, by your experiences, God allows you to reiterate to others what you learned from him. God relates to his people by his people. When you fellowship with other believers and churches you find that you learn more about God. God reveals his plans and purposes by the church. By getting to know others and taking the time out to spend with others who are like- minded, you help yourself to become who God intends for you to become.

The reason why fellowship is a discipline is because it ultimately, leads you closer to God. Moreover, fellowshipping with others leads you into an interdependent relationship with others that allows for others to encourage and uplift one another while they are going through a thing. The Bible states that you ought to meet up with each member of the body of Christ and not abstain from doing so (*see* Heb. 10: 24-25).

When you are in God's light, or in right relationship with him (eternal life) (*see*1 John 5:11), you have proper fellowship with one another (1 John 1:7). Right fellowship within a group of like- minded believers leads you towards your own unique purpose in life.

Remembering that God is in Control

God's knowledge is expansive; some say that God is immutable or that he cannot be contained in space nor time; I find this fact to be relevant simply due to the fact that God is Spirit; it says in Genesis Chapter 1 that God's Spirit moved over the waters and that the earth was void and without form (*see* v. 2); When God spoke, life came into existence (Ref. Gen. 1: 24-31, 2:1-9). God upon forming the earth, conceived a plan and design that maps out all of human existence. When God created the earth and the heavens he considered how it would accommodate human life; he provided animals and vegetation; God also considered that man would fall away from him (Gen. 3:1-11).

However, even upon knowing that at some point we would fall short (See Rom. 3:23). He decided to send to us an appropriation for our sins, himself in the flesh. From the beginning, God so loved us that he always had our best interest at heart- even when we did not always have his best interest at heart (Ref. John 3:16). There is no reason to consider our destination because from the dust we were formed and as dust we shall return (see Gen. 3:19 KJV), and our souls -praise God -will return back to our loving Father.

There should never be an identification issue within one who is in Jesus Christ; likewise there should never be an identity issue within one who considers practicing God honoring principles which lead to one embracing his or her spiritual significance because God is faithful to the faithful (Ps. 18:25 NIV); he is always in control especially when you allow him access into your life through accepting and honoring him as Lord by your actions (Ref. James 2:17).

Worshiping

Worshiping is the very act of surrendering to God and inviting him into your heart. By worshiping, you establish a connection with God: connecting with God leads to his provisions. God's provisions are keys to maximizing your potential in him. By understanding your significance you experience growth, growth by God's standards is reflected in an individual's ability to obey. Prayer is also key to establishing a connection with God, by establishing this form of connection with God it allows him to enable you to complete certain tasks and assignments (Ref. Luke 18:1). By failing to establish this form of connection, you can become disconnected from God and from receiving his assistance (present help in time of need). God is indeed an helper to those who call upon him. When you call upon him it is a demonstration -by the Holy Spirit- that you need him. God entreats his people to cast their cares on him because he in fact cares (1 Peter 5: 7).

By failing to cast your cares on God-you have pre-determined that you no longer need him. I am afraid that this is no connection at all. God is -by standard- our strength; he is our strength even when we are weak (2 Corinthians 12:9). By being weak and asking God in our need -he will help us. But, by failing to admit our needs to God-we limit him. Lifting up your hands is an outward expression of your need for God-a humble servant's approach to God. However, asserting that you have it all together is the direct opposite of being poor in spirit-but prideful. (Ref. Matt.5:3). The scriptures outline and contrasts the difference between a servant who needs God-and one who asserts that he or she in fact can do everything on his or her own. By Worshiping one communicates to God that he or she does not not in fact have it all together -but quite the opposite (*see* Matt. 19:16-20).

Connecting

After you establish a connection with God it is necessary to maintain that connection. The best way to maintain a connection with God is to develop a relationship with him. You must first die to your sinful ways. When I say die I mean that you should stop doing things that you know are wrong. As human beings, and upon Adam and Eve eating of the tree of the knowledge of good and evil, we developed a basic instinct as to what is morally right or wrong, or moral judgment. Also, society as a whole puts constraints on specific acts and even sanctions those acts—upon violation. When you receive a violation you know what you did, or are doing is, or was wrong; that is why God laid out in the Old Testament the Law or the Book of Moses. Specifically, in Exodus 20 there is a list of commands, which list behaviors that are expressly prohibited. The prohibitions allowed for Israel to understand what was wrong and right in God's sight and the same guidelines apply today- only the sanctions for violating God's laws are much higher than those that are given upon breaching society's laws. The bible states that the wage for sin is death (Rom. 6:23). Meaning not that you will be given a lethal injection or subjected to capital punishment, but rather your soul will be placed in a eternal lake of fire where you will continually thirst for water, but your thirst will go unquenched. God did not create this place for human life, but it is man's rebellious behavior that leads him to this place. Sin separates you from a relationship with God without a relationship with God it is impossible to be saved from sin and subsequent death. It is also important to avoid putting to value the things of this age-specifically relating to materalism-as God is more concerned with your spiritual life, and subsequent end (Refs. 1 John 2:16-17, Jas. 1-4).

By exercising moral judgment and accepting the fact that-without the blood of Christ Jesus (accepting that Jesus Christ Died on the Cross for your sins, and that on the Third day he rose from the dead),your soul is destined for hell. But, God is gracious, by accepting this truth you can evade certain death-by accepting that Jesus' death and resurrection is the only way you will be considered in God's eyes saved (Ref. Matt. 7:22-24). When God states to the sinner in the previous text depart from me I never knew you-he means that you did not accept that Jesus Christ was sent to earth to die for your sins-and that he on the third day was raised from the dead. The stress is on the phrase your sins-without admitting that you sin and that you are by nature a sinner, because of the sinful things you do -on a day to day basis- you cannot have a relationship with the father (1 Jo. 5:11). No matter how hard an individual tries, he or she cannot avoid sin-God acknowledges this -that is why Jesus Christ died for you.

Changing

When you transform, God begins to- by the Holy Spirit-convert you to righteousness-when one holds to the process the change leads an individual to life-an encounter with God. In Christ Jesus, you become a new creature (see 2 Cor. 5:17, Gal.6:15). Allowing God to change you is paramount to your spiritual success. Going to church every Sunday may be a witness of true faith and evidence of God's presence inside of you. But, do not think it strange when you desire more often to be around people and going to places where God would want you to go to, and involving yourself with people who God would like for you to become involved with. Sometimes, when you look back at how you have changed, you may develop within yourself your own special testimony that you may want to share with others so that they too can develop a relationship with God. Difficulty in sharing with others your faith is normal; however, you will grow past that once your faith is increased (see Rom. 1:17, Heb. 1:11).

Increased faith leads to a strengthened relationship with God that is predicated on trust. God can accomplish Great things with an individual who trusts him. Trusting God indicates that you are free of fear and freed from the imminent threat of harm and danger -you remember as in Psalms 91 that God is your shield and you are protected under his almighty wing (v. 4). By trusting God, you allow him to work in you to strengthen your faith-when you have this form of faith you can accomplish the plans dreams and goals God placed within you to accomplish. Accomplishing God's work here on earth is essential to a believer's life.

Embracing New Beginnings

Often change is difficult to accept, but it is a necessary part of a believer's life. Evidence of a person's spiritual growth is demonstrated by how far he or she has come along since initially becoming saved. You must take in account, or even write down your experiences, because it helps in developing faith-when one sees how far one has come one can give all credit due to God. How many times have you tried to stop doing something on your own, but found that you could not because you did not have it in you? You will find that the power of God will ultimately bring about this change in you. Some call this the regenerative power of the indwelling Holy Spirit- or Christ at work within you. The difference is always noticeable. Some of the dreams that many have accomplished is the result of the power of God. Some undermine God's authority; however, it is time to recognize that God is in fact the answer. In examining countries across America , through effectiveness of missionary efforts and evangelism, many have: been converted to Christianity, and have had their needs met-whether through first aid, food, shelter or reconstructive surgery the list goes on and on. Many would not have known the power of God had the church not expanded its outreach to the community and to the world. The power of God is prevalent in the world today!

Manifesting

Upon releasing the power of God in your life- you begin to not only recognize change- you also begin to notice that things are different around you. Particularly, you will find that by God's anointing you will reach new dimensions. Reaching new dimensions entails becoming actively involved in a local church. A local church is a place where the bible is referenced verbatim, and new individuals join the church daily, by this, the presence of God is evident. If you by chance find yourself in a church that only allows for you to read from one particular bible, or a bible that is different from any standard bible that can be purchased at a Christian bookstore, than you can be in trouble. You may also want to refrain from churches that participate in idol worship-an experience which lacks the presence of God. God's presence is necessary for manifestation, one can only experience the blessings of God if he or she is by chance connected to God.

Celebrating!

Once God allows a spiritual transformation he allows for a person to be elevated (*see.*1 Peter 5:6). Before exaltation comes humility. Difficulty arises when one attempts to promote his or her self. The difficulty arises due to the fact that the promotion is not authorized by God- so the self-promotion stems from a prideful nature and rebellion. The bible regards rebellion as witchcraft and describes pride or haughtiness as a pre-cursor to a great fall (*see* Prov. 16:18, 1 Sam. 15:23). Falls can be noticed in persons who once held prominent positions, but no longer occupy those positions. Positions can be a title, a job, or relational standing. Some would not compare a fall from a relational stand-point; however, many divorces and break-ups are really great falls. In that the person who initiated the relationship some how failed to yield or surrender some aspect of his or her life to the other side, and that other person somehow felt deprived from receiving the maximum benefit from being in a relationship with the other person. Sometimes, individuals fail to commend to God his or her reasonable service, he or she may then lose his or her standing with God, which is in essence a great fall (Rom. 12:1). Man's greatest fall began with the disobedience that took place on behalf of Adam and Eve in the Garden of Eden, (*see* Gen. 2:8-3:24). In context, both where guilty parties in the act, which lead to man's fall. As of now, God has graciously sent his son Christ Jesus to die for our sins, so that we can through a process, become reconciled back to our right standing with God-and back to our original image of Christ-likeness. The point of eligibility to become reconciled back to a relationship with God is invaluable -and a point worth celebrating. In celebrating, one remembers that our hope is in the Lord, and we ought to keep in mind that we are in fact his children; the simple form of obedience children have is the same form of obedience that adults should have towards Christ Jesus and his ability to complete a work *(see* Phil.1:6). Meaning that the only cause for celebration is in acknowledging this truth: that except we become as little children we will in no wise enter into the kingdom of heaven (*see* Matt.18:3). In that until we yield our selfish wants and desires to God-and simply acknowledge him[Jesus] as the only way to heaven- we will not receive eternal life (*see* 1 John 5:11).

Investing

Investing in God takes more than involving yourself in activities that appear to be Godly; however, it entails spending time with God himself. In John 3:16 the scripture reads this way: "for God so loved the world he gave his only begotten son so that whoever believes in him shall not perish but have everlasting life". Believing in God is trusting him. Trusting in God is the same as accepting him. Once you have a relationship with God through accepting him you can trust that all that he promised in his word (the bible) will be fulfilled in your life. One cannot believe that God will simply forget about anyone who accepts him. The bible states quite the contrary when Jesus himself proclaims that "he will never leave you or forsake you" (*see* Heb. 13: 5 *see also* 2 Chronicles 15:2). Investment is something which yields a return, and this is exactly what God had in mind when he sent his only Son to earth. The return for Jesus' investment in you is eternal life, but not just eternal life, but a life beyond the scope of which a human being can ponder (Ref at. 1 Cor. 2:9). God shows us through his scripture that the investment he made in us will yield a great return for us. However, this is no typical investment-usually, by the world's standards, an investment yields a return for the investor not the investee e.g. the reasoning behind making the investment in the first place. Through man's selfishness, we have skewed the pure nature of investing for selfish gain. Jesus' ways are beyond selfish as a matter of fact, God clearly outlines that his ways are not in fact our own ways (Is. 55:8). God's investments are secure-no man can take from God his investments [e.g his people](*see* John 10:28). And, no man or being -human or non human- can take away from God's intention to invest in you(Ref. Rom. 8:36). Thus, investing in God is not an investment at all, but rather receiving an inheritance that is already prepared for you.

Achieving

Achieving is a question of motivation. When one is motivated to achieve a goal, he or she cannot be deterred by the obstacles that may be set in his or her path. Obstacles are plainly and simply efforts by opposition to block your success. When you learn from the obstacles placed in your path, it is impossible to become defeated. Moreover, when you learn from your mistakes you will not repeat the same errors in the future. Learning from your mistakes is paramount to your success! But, failure(s) may produce within an individual insecurities in that one can become enslaved to his or her mistakes. We choose spouses, friendships, and other partnerships solely based on, or predicated on the assumption that an individual makes up for what we ourselves lack. Achievement which leads to true success acknowledges the fact that you yourself are not perfect and neither are the idols or persons that you find to be perfect. Achievement is perseverance and endurance, moving in the right direction progressively leads to positive change and influence. Influence can be a motivating factor in and of itself-when you first realize that how you influence others ultimately is a determination on how you view yourself. When you influence others positively, you have a positive view of yourself, but when you influence others poorly you have a negative viewpoint. Negative viewpoints are indicators or symptoms of low self- esteem, low self -esteem or self worth is an indicator of a low quality of life, or a lack of contentment towards the life you do have-it all boils down to appreciation. Having contentment and satisfaction in who you are is ultimately achievement!

Glorying

Glorying in many aspects of the word is acknowledgment. Acknowledging God is one of the key realities and bases pertaining to human existence, as created beings, we have been created to glorify our creator through thought, word, deed, and action (*see* Col. 3:17, Matt. 5:16). When we participate in activities or acts, which do not glorify God we hinder ourselves. When an individual participates in activities that exclude the presence of God - he or she restricts the anointing of God, which substantially limits the potential for both individual and corporate blessings. When learning of the elements of giving God the glory, I found that it is imperative to experience his presence. Personal acknowledgement of God's presence releases a genuine reaction. Understanding who God is- is easily achieved by a relationship with him. Without a relationship, God will in fact be around you because he is God, however, you will not witness or experience his goodness. His goodness is a range of protection stemming from favor, and opportunities.

When an individual is outside of God he or she is subjected to harms and dangers that are not a part of God's plan. However, when a person accepts Jesus as Lord and Savior by believing that he died on the cross- was buried- and then by the power of God – was raised again, he or she becomes identified with Christ. Only then can God acknowledge him or her. Many persons indicate that they believe in God, yet they disqualify themselves due to dishonoring works. The bible states that when an individual confesses God, but participates in activities contrary to his or her confession he or she is disobedient and even lies (*see* 1 John 1:6, Titus 1:16, Phil. 2:12-15). There is a difference, and God will hold those accountable who do not believe in him. God states--through scripture-- that he gave his only son to die for your sins. The only way to be reconciled back to God and to enter into Heaven is through the Gate, which is Jesus Christ himself.

I believe God that you died and were resurrected for my sins, and that I am in fact a sinner. Please wash me clean of my sins today because I believe in you. I accept you into my heart and repent.

Sincerely,

Name_____.

Vista general

Cuando uno Le da su ser a Cristo uno llega a ser identificado con Jesucristo. Uno -como para-yo la muy estructura en la que el Espíritu de Dios reside (Rom. 6:19). Sobre la comprensión dijo hecho, uno debe creer que deshonrando Dios en cualquier manera -en su residencia- está en el pecado-pecado de hecho en un sentido que hay ramificaciones para una acciones. Algún pecado de la vista como algo que puede ser quitado por Dios, que es en esencia verdadero, pero lo que si es ignorante de sus pecados. Este verdadero futuro dificulta directamente y bloquea a un individuo de desarrollarse plenamente su potencial en Dios; por otro lado, por ubica con exactitud el objetivo de dirigir un estilo de vida de confesión y arrepentimiento, uno puede llegar a ser sin duda justificado y redimido en Cristo (Rom. 6:11). Después de cancelación, aceptando a Dios [su voluntad], y aplicar su voluntad [Palabra Viva de Dios o Biblia] a su vida, está seguro experimentar la vida abundante (vea a John 10:10) que Dios vino a compartir con los que lo aceptan.

El Desafío de vivir Santo
(Estándares Morales)

Las direcciones primero corintio pecan directamente. Dirija referencia a pecar es indicado raramente a través de la comunidad estandarizada de la iglesia; estandarizó en el sentido de la práctica diaria de asistir una iglesia y las actividades que provienen de participación en una iglesia. Raramente, son los temas de la inmoralidad dirigida directamente, por lo tanto, allí existen una entrada de individuos que llegan a ser desensibilizó o apagó de la iglesia. La iglesia y sus líderes hacen -desafortunadamente- es tenido responsable para sus omisiones [negligencia, o indiferencia descuidada], como la iglesia tiene un deber más alto y unido para apoyar y defender los principios de Dios. En Primero corintio 5, las escrituras aluden al hecho que el unrighteous [depravó moralmente a individuos] no entrará en el Reino de los cielos (vv.1-13) Además, el tema también sugiere que allí -como incluido en la línea del unrighteous- son extorsionadores, el diccionario de Webster define a extorsionadores como personas que obtienen dinero por métodos ilegales de persuasión. Mi amigo, hay muchos extorsionadores -aún en el Cuerpo de Cristo- algún más sutil que otros; algún uso uniforme que la palabra de Dios para manipular las personas de Dios para dar a visiones, sueña o las directivas que no son de o para los propósitos de Dios. Sin embargo, los extorsionadores junto con borrachos y fornicadores son alineados todo con el unrighteous. ¿Por qué enfatizo yo este punto? Enfatizo el punto porque el punto es de hecho enfático-usted no puede llevar de ello ni añadir a ello; las escrituras en otras palabras no pueden ser interpretadas sin apretar; sino, debe ser interpretado estrictamente. La biblia-por la solución- advierte el justo a descartar de sí mismos unrighteousness y el unrighteous [malvado] (vea 1 Col. 5:13). Además, uno debe identificar pecado como una cosa que puede corromper, uno debe ser sabido por sus trabajos buenos, que es un signo de su Salvación. Un árbol -como escrito en Mathew 12:33- es sabido por su fruta, significando que un árbol que produce fruta mala falta la evidencia de la presencia del Espíritu de Dios, que rinde la fruta del Espíritu de Dios (vea Gal. 5:22-23).

El pecado es mencionado como una telaraña para su poca solidez-significando que un individuo ondea cuando él o ella están en el pecado [fuera de la estabilidad que es obtenida por una relación apropiada con Dios- que purga a un pecador de pecado] (see.1 John 6-7, Jas. 1:6, 1:22, Heb. 10:23). Peque también es mencionado como la suciedad (vea a John 1:9 KJV). La razón por qué yo resumí esta verdad es de indicar el hecho que Dios no toma ni ve pecado levemente. Lo toma muy gravemente, la biblia advierte que si el corazón condena [condena] usted que está en el pecado (1 John 3:21). Sin embargo, la mejor manera de determinar si está en el pecado está leyendo, la comprensión, e interpretar la Palabra de Dios. La escritura enfatiza el hecho que ése debe evitar ser engañado o descamina por hombres, mencionando el libro de Dios- la Biblia Santa (vea 1 Cor. 4:6).

Proteger a Su Faith

Mantener o proteger que su fe ha llegado a ser una tarea cada vez más difícil; con todo que pasa alrededor de usted de las noticias, de la guerra, de proverty, y de otros desastres -ambos natural y capacidad de hecho-el de hombre para mantener se centraron en su fe es una tarea cada vez más desalentadora. En la mayor parte, uno debe recordar del principio cuando él o ella sintieron llevan a acepta a Jesucristo en el corazón y el poder que lo sostuvieron o ella allí; uno debe analizar el estilo de vida él o ella viven ahora y diferencian esa vida del uno él o ella vivieron entonces. El poder de Dios es presenciado en uno de dos maneras: fe y resultados. Uno inicia fe aceptando a Jesucristo como Salvador-Entonces uno cosecha los beneficios de un estilo de vida dado a la Salvación. Una persona que anda en la Faith cristiana [la Luz] es apreciablemente diferente de un individuo que no anda en el faith[darkness].

Vencer la Oscuridad

En el sociedad-especialmente actual hoy- es más difícil de vencer la oscuridad que es predominante en la tierra; uno debe darse cuenta de que hay numerosos obstáculos de vencer del nacimiento. El hecho es esto; hay quienes nunca llevan al máximo ni alcanzan su potencial lleno. ¿La pregunta formada para esta observación básica será bastante naturalmente-por qué? La respuesta a esto es sencillo: personas tienen que vencer oposición espiritual; los trabajos del Tentador (Satanás), y oposición natural (circunstancias diarias). Las circunstancias diarias son situaciones colocaron antes que un individuo para colocar a una persona en cadenas o esclavitud. Sin embargo, Dios colocó dentro de un individuo suficiente poder de vencer la esclavitud circunstancial (Vea Acts 12:7, 1 John 4:4). Los propósitos de dios pesan más que el plan de hombre- tan cualquier ataque contra un hombre o la mujer de Dios a menudo es frustrado por Dios (Vea también Es. 54:17). Pero, el hecho se queda que estas formas de ataques existen sinceramente; un autor aludió al hecho que puede oponer un buque armado contra una canoa -aunque la improbabilidad de la canoa que consiga batalla es predominante; que cierta derrota no parará la tentativa de la canoa contra el buque armado.

Respetar Otros

La comprensión integridad y moral refuerzan ambos personal & las relaciones profesionales. Como Dios es el centro de atención o el centro de todas las relaciones, uno debe comprender que pero para Dios que honora su compromiso a sus personas-nosotros no tendría la bendición de Abraham hoy -la vida eterna [Jesucristo-El Mismo] (vea Gen. 22:18, 1 John 5:9-11). Ahora, uno debe darse cuenta de que Dios no es un respector de personas en un sentido de la parcialidad ni la tendencia, sino honora sus compromisos, y él adora hacia los que son a veces antipáticos (vea Deut. 31:27). Cuando otros son no amable o irrespetuosos uno al otro socava la fuerza del compromiso-cuando de Dios que envió a Jesús a morirse para el humanidad-él lo hizo en personas de amor-cuando actúa namente amable uno hacia otro- aunque esperado - los esfuerzos de Dios vayan no identificado. Dios desea que personas posean a un testigo substancial en cuanto a su amor. Cuando hombres y mujeres luchan el uno al otro o maldicen en el uno al otro, no muestra el amor, sino el odio-el Biblia compara odio asesinato-en esencia usted asesina a su hombre prójimo cuando falla de dirigir esa persona a la Salvación por demostrar el amor de Dios. El odio es sólo un forma de falta de respeto hacia otros o hacia el contrario de servir otros por amor (vea Gal. 5:13). La falta de respeto puede ser demostrada por el pecado por omisión -fallando de completar una tarea o para llevar hasta el fin con una petición hecha de usted -demuestra una falta del amor o el respeto hacia el correspondiente partido. Dios desea que individuos echen el esfuerzo en lo que hacen y para observar para llevar hasta el fin con cuidado con planes, con objetivos, con las tareas, y con las peticiones.

Establecer una Relación con Dios Primero

Llevar al máximo su potencial en Cristo es el resultado de una relacion correctas con Dios. Cuando es conectado a Dios usted lo experimenta, sabiéndolo y sus maneras. Además, por sus experiencias, Dios le permite reiterar a otros lo que usted aprendió de él. Dios relaciona a sus personas por sus personas. Cuando usted confraternidad con otros creyentes y las iglesias usted encuentra que aprende más acerca de Dios. Dios revela sus planes y los propósitos por la iglesia. Consiguiendo para saber que otros y tomar el intermedio de gastar con otros que están como- tiene inconveniente en, usted se sirve a llegar a ser quién Dios piensa para usted llegar a ser. La razón por qué confraternidad es una disciplina es porque últimamente, los plomos usted más cerca a Dios. Además, fellowshipping con otros le dirige en una relación interdependiente con otros que tiene en cuenta otros favorecer e inspirar el uno al otro mientras atraviesan una cosa. La Biblia indica que debía quedar con cada miembro del cuerpo de Cristo y no abstenerse de hacer así (vea Heb. 10: 24-25). Cuando está en la luz de Dios, o en la relación correcta con él (la vida eterna) (vea 1 John 5:9-11), tiene confraternidad apropiada con el uno al otro (1 John 1:7). La confraternidad correcta dentro de un grupo de similar- tuvo inconveniente en que creyentes le dirige hacia su propio objetivo en la vida extraordinario.

Recordar que Dios está en el Control

El conocimiento de dios es expansivo; algunos dicen que Dios es inmutable o que él no puede ser contenido en el espacio ni el tiempo; encuentro que este hecho para ser pertinente simplemente debido al hecho que Dios es Espíritu; dice en el Capítulo de Génesis 1 que Espíritu de Dios se movió las aguas y que la tierra fue inválida y sin forma (vea v. 2); Cuando Dios habló, la vida nació (Arbitro. Gen. 1: 24-31, 2:1-9). Dios a formar la tierra, concibió un plan y el diseño que elabora toda existencia humana. Cuando Dios creó la tierra y el cielo que consideró cómo acomodaría la vida humana; proporcionó animales y vegetación; Dios también consideró ese hombre se caería lejos de él (Gen. 3:1-11). Sin embargo, aún sobre saber que en algún punto que seríamos insuficiente (vea Rom. 3:23). Decidió enviar a nosotros una apropiación para nuestros pecados, él mismo en persona. Del principio, Dios tan nos adoró que él siempre tuvo nuestro mejor interés en el alma- aún cuando nosotros no siempre tuvimos su mejor interés en el alma (Arbitro. John 3:16). No hay razón de considerar nuestro destino porque del polvo nosotros fuimos formados y como quitamos el polvo nosotros regresaremos (vea Gen. 3:19 KJV), y nuestras almas -elogio Dios -regresará atrás a nuestro Padre amoroso. Nunca debe haber un asunto de identificación dentro de uno que está en Jesucristo; igualmente nunca debe haber un asunto de identidad dentro de uno que considera practicando principios de honorar de Dios que llevan a un abrazar su significado espiritual porque Dios es fiel al fiel (Psalms 18:25 NIV); es siempre en control especialmente cuando usted le permite conseguir acceso a en su vida por aceptar y honorarlo como Señor por sus acciones (Arbitro. James 2:17).

Venerar

Venerar es el muy acto de rendir a Dios y lo invitando en su corazón. Venerando, establece una conexión con Dios: conectando con Dios lleva a sus provisiones. Las provisiones de dios son llaves a llevar al máximo su potencial en él. Comprendiendo su significado usted experimenta el crecimiento, el crecimiento por los estándares de Dios es reflejado en la capacidad de un individuo para obedecer. La oración es también clave a establecer una conexión con Dios, estableciendo esta forma de conexión con Dios que lo permite permitirle completar ciertas tareas y las tareas (Arbitro. Luke 18:1). Fallando de establecer esta forma de conexión, puede llegar a ser desconectado de Dios y de recibir su ayuda (presente ayuda en momentos de necesidad). Dios es verdaderamente un ayudante a los que lo utilizan. Cuando usted lo utiliza es una demostración -por el Espíritu Santo- que usted lo necesita. Dios ruega que sus personas lancen sus cuidados en él porque él de hecho cuida (1 Peter 5: 7).

Fallando de lanzar sus cuidados en el Dios-Usted tienen predeterminan que usted ya no lo necesita. Tengo miedo que esto es ningún conexión. Dios es -por estándar- nuestra fuerza; es nuestra fuerza aún cuando somos débiles (2 Corinthians 12:9). Siendo débil y Dios que pregunta en nuestra necesidad -nos ayudará. Pero, fallando de admitir que nuestras necesidades a Dios-Nosotros lo limitan. Levantar las manos son una expresión exterior de su necesidad para el Dios-Un el enfoque de sirviente humilde a Dios. Sin embargo, afirmando que usted lo tiene todo es juntos el antónimo de ser pobre en el espíritu-pero orgulloso. (Árbitro. Matt.5:3). Las escrituras resumen y contrastan la diferencia entre un sirviente que necesita Dios-Y uno que afirma que él o ella de hecho puede hacer todo solo. Venerando uno comunica a le Dios él o ella hace no de hecho lo tiene no todo juntos -pero bastante el contrario (vea a Matt. 19:16-20).

Conectar

Después de que establezca una conexión con Dios es necesario para mantener esa conexión. La mejor manera de mantener que una conexión con Dios es de desarrollar una relación con él. Debe morirse primero a sus maneras pecadoras. Cuando digo me muero significo que debe parar cosas que hace que usted sabe están equivocadas. Como seres humanos, y sobre Adam y Eve que comen del árbol del conocimiento de bueno y malo, desarrollamos un instinto básico en cuanto a lo que es juicio moralmente correctos o equivocado o moral. También, la sociedad en total pone limitaciones en actos específicos e incluso en sanciones esos actos sobre la infracción. Cuando recibe una infracción que usted sabe lo que usted hizo, o hace es, o estuvo equivocado; por eso Dios ordenó en el Antiguo Testamento la Ley o el Libro de Moses. Específicamente, en el Exodus 20 hay listas de órdenes, que lista conductas que son prohibidas expresamente. Las prohibiciones tuvieron en cuenta Israel para comprender lo que estuvo equivocado y correcto en la vista de Dios y las mismas pautas aplica hoy- sólo las sanciones para violar las leyes de Dios son mucho más altas que ésos que son dados a violar las leyes de la sociedad. La biblia indica que el sueldo para el pecado es la muerte (Rom. 6:23). El significado no que usted será dado una inyección mortal ni sujeto a la pena capital, sino su alma será colocada en un lago eterno del fuego donde usted hace continuamente sed para el agua, pero su sed irán sin saciar. Dios no creó este lugar para la vida humana, pero es conducta rebelde de hombre que lo dirige a este lugar.

El pecado le separa de una relación con Dios sin una relación con Dios que es imposible ser guardado del pecado y la muerte subsiguiente. Es también importante evitar poner para valorar las cosas de este edad-específicamente que relaciona al materalism-como Dios están más preocupados con su vida espiritual, y con fin subsiguiente (Arbitros. 1 John 2:16-17, Jas. 1-4). Ejercitando juicio y aceptar morales el hecho que-sin la sangre de Jesucristo (aceptando que Jesucristo se Murió en la Cruz para sus pecados, y para eso en el Tercer día que subió del muerto), su alma es destinada para el infierno. Pero, Dios es amable, aceptando esta verdad usted puede evadir cierto aceptar de muerte-por que la muerte de Jesúses y la resurrección son las únicas maneras que usted será considerado en los ojos de Dios guardados (Arbitro. Matt. 7:22-24).

Cuando estados de Dios al pecador en el texto anterior parten de mí yo nunca supe que usted-él significa que usted no aceptó que Jesucristo fue enviado a la tierra para morirse para su pecados-y que él en el tercer día fue levantado del muerto. El énfasis está en la frase su admitir de pecados-sin que peca y que está por la naturaleza un pecador, a causa de las cosas pecadoras que usted hace -un dia en que a la base del día- usted no puede tener una relación con el padre (1 Jo. 5:11). Por mucho que duro un individuo trate, él o ella no pueden evitar a pecado-Dios reconoce esto -por eso Jesucristo se murió para usted.

43

Cambiar

Cuando usted se transforma, Dios empieza a- por el Espíritu Santo- le convierte al rectitud-cuando que uno tiene al proceso que el cambio Le dirige a un individuo al encuentro del vida-un con Dios. En Jesucristo, llega a ser una nueva criatura (vea 2 Corinthians 5:17, Gal.6:15). Permitir a Dios para cambiarle es supremo a su éxito espiritual. Para ir a la iglesia puede ser todos los domingos un testigo de fe y evidencia verdaderas de la presencia de Dios dentro de usted. Pero, no lo piensa extraño cuando desea más a menudo estar alrededor de personas e ir a los lugar donde Dios desearía usted ir a, y lo implicando con personas con que Dios querría para usted liarse. A veces, cuando mira hacia atrás en cómo ha cambiado, puede desarrollar dentro de usted mismo su propio testimonio especial que usted puede querer compartir con otros para que ellos también puedan desarrollar una relación con Dios. La dificultad a compartir con otros que su fe es normal; sin embargo, crecerá por delante que una vez su fe es aumentada (vea Rom. 1:17, Heb. 1:11). La fe aumentada lleva a una relación reforzada con Dios que es basado en la confianza. Dios puede lograr Gran cosas con un individuo que se fía de él. El fiarse de Dios indica que es libre de temor y libertado de la amenaza inminente de daño y peligro -recuerda como en Psalms 91 que Dios es su protector y usted es protegido bajo el ala todopoderosa (v. 4). Fiándose de Dios, usted lo permite trabajar en usted reforzar su fe-cuando que tiene esta forma de fe que puede lograr los sueños de planes y objetivos Dios colocó dentro de usted lograr. Lograr a Dios trabajan es en este mundo esencial a la vida de un creyente.

Abrazar Nuevos Principios

A menudo cambio es difícil de aceptar, pero es una parte necesaria de la vida de un creyente. La evidencia del desarrollo espiritual de una persona es demostrada por cuán distante él o ella han venido desde que llegan a ser inicialmente guardado. Debe aceptar cuenta, o anotar aún sus experiencias, porque ayuda en fe-cuando revelador que uno ve cuán distante uno ha venido uno puede dar todo el crédito debido a Dios. ¿Cuántas veces ha tratado parar hacer algo solo, pero encontró que puede no porque usted no lo tuvo en usted? Encontrará que el poder de Dios últimamente producirá este cambio en usted. Alguna llamada este el poder regenerador del Espíritu Santo que mora- o Cristo en el trabajo dentro de usted. La diferencia es siempre notable. Algunos de los sueños que muchos han logrado es el resultado del poder de Dios. Algunos socavan la autoridad de Dios; sin embargo, es tiempo de reconocer que Dios es de hecho la respuesta. A revisar países a través de América, por la eficacia de esfuerzos y evangelismo misionales, muchos tienen: fue convertido a cristiandad, y ha tenido su encontrado-si de necesidades por primeros auxilios, el alimento, el refugio o la cirugía reconstructiva en que la lista pasa y. Muchos no habrían sabido que el poder de Dios tuvo la iglesia no expandió su alcance a la comunidad y al mundo. ¡El poder de Dios es predominante en el hoy mundial!

Manifestar

A soltar el poder de Dios en su vida- empieza no sólo reconocer cambio- usted también comienza a advertir que cosas son diferentes alrededor de usted. Especialmente, encontrará que por el ungir de Dios usted alcanzará nuevas dimensiones. Alcanzar nuevas dimensiones traen consigo para llegar a ser activamente implicado en una iglesia local. Una iglesia local es un lugar donde la Biblia es mencionada al pie de la letra, y nuevos individuos unen la iglesia diaria, por esto, la presencia de Dios es evidente. Si usted por casualidad lo encuentra en una iglesia que sólo tiene en cuenta usted leer de una Biblia particular, o de una Biblia que es diferente de alguna Biblia estándar que puede ser comprada en una librería cristiana, que puede estar en un apuro. Usted también puede querer abstenerse de las iglesias que toman parte en experiencia de culto-un de ídolo que falta la presencia de Dios. La presencia de dios es necesaria para la manifestación, uno sólo puede experimentar las bendiciones de Dios si él o ella es conectada por casualidad a Dios.

¡Celebrar!

Una vez que Dios permite una transformación espiritual él tiene en cuenta a una persona para ser elevada a Peter (vea.1 Peter 5:6). Antes que exaltación venga la humildad. La dificultad surge cuando uno procura promover su ser. La dificultad surge debido al hecho que la promoción no es autorizada por Dios- tan los tallos de auto-promoción de una naturaleza y la rebelión orgullosas. La biblia considera rebelión como la brujería y describe orgullo o altanería como un precursor a una gran caída (vea Prov. 16:18, 1 Sam. 15:23). Las caídas pueden ser advertidas en personas que tuvieron una vez posiciones prominentes, pero ya no ocupan esas posiciones. Las posiciones pueden ser un título, un trabajo, o la posición relacional. Algunos no compararían una caída de un punto de vista relacional; sin embargo, muchos divorcios y las separaciones son las caídas realmente gran. En que la persona que inició la relación algunos cómo falló de rendir o rendir algún aspecto de su vida al otro lado, y que otra persona de algún modo fieltro se privó de recibir el beneficio máximo de ser en una relación con la otra persona. A veces, los individuos fallan de encomendar a Dios su servicio razonable, a él o a ella entonces puede perder su posición con Dios, que es en esencia una gran caída (Rom. 12:1). La caída más grande del hombre empezó con la desobediencia que sucedió a favor de Adam y Eve en el Edén, (vea Gen. 2:8-3:24). En el contexto, ambos donde culpables en el acto, que lleva a la caída de hombre. A partir de ahora, Dios ha enviado amablemente su hijo a Jesucristo a morirse para nuestros pecados, para que podamos por un proceso, llegamos a ser reconciliado atrás a nuestra posición del derecho con Dios-Y atrás a nuestra imagen original de espíritu cristiano. El punto de elegibilidad para llegar a ser reconciliado atrás a una relación con Dios es inapreciable -y un valor del punto que celebra. A celebrar, uno recuerda que nuestra esperanza está en el Señor, y nosotros debíamos tener presente que somos de hecho sus niños; la forma simplificada de niños de obediencia tiene es la misma forma de obediencia que adultos deben tener hacia Jesucristo y su capacidad de completar un trabajo (vea Phil.1:6). El significado que la única causa para la celebración está en reconocer esta verdad: que pero llegan a ser como niños pequeños que entraremos de ninguna manera en el reino de los cielos (vea Matt.18:3). En eso hasta que rindamos nuestras necesidades y los deseos egoístas al Dios-Y simplemente lo reconocen [Jesús] como la única manera al cielo- nosotros no recibiremos la vida eterna (vea a 1 John 5:11).

Invertir

Invertir en Dios toma más que lo implicando en actividades que parecen ser Santo; sin embargo, trae consigo para pasar tiempo con Dios él mismo. En John 3:16 la escritura lee esta manera: "Para Dios tan adoró el mundo que dio a su único hijo engendrado para que quienquiera que crea en él no perecerá pero tendrá la vida eterna". Creer en Dios se fía de él. Confiar en Dios es igual que lo aceptando. Una vez que usted tiene una relación con Dios por aceptarlo usted puede fiarse de que todo que prometió en su palabra (la Biblia) será cumplido en su vida. Uno no puede creer que Dios se olvidará simplemente nadie que lo acepta. La biblia indica bastante el contrario cuando Jesús él mismo proclama que "él nunca le dejará ni le abandonará" (vea a Heb. 13: 5 ven también 2 Chronicles15:2). La inversión es algo que rinde un regreso, y esto es exactamente lo que Dios tuvo presente cuando envió a su único Hijo a la tierra. El regreso para la inversión de Jesúses en usted es la vida eterno, pero la vida no sólo eterna, pero una vida más allá del alcance de que un ser humano puede reflexionar (Arbitro en. 1 Cor. 2:9). Dios nos muestra por su escritura que la inversión que hizo en nosotros rendirá un gran regreso para nosotros. Sin embargo, esto no es inversión-generalmente típico, por los estándares del mundo, una inversión rinde un regreso para el inversionista no la entidad en la que se invierte por ejemplo el razonamiento atrás de invertir en primer lugar. Por el egoísmo de hombre, nosotros hemos sesgado la pura naturaleza de invertir para la ganancia egoísta. Las maneras de Jesúses están más allá de egoísta de hecho, Dios resume claramente que sus maneras no son de hecho nuestras propias maneras (Es. 55:8). Las inversiones de dios son hombres de seguro-ningún puede tomar de Dios sus inversiones [por ejemplo sus personas] (vea a John 10:28). Y, ningún hombre ni siendo -humano ni no humano- puede llevar de la intención de Dios para invertir en usted (Arbitro. Rom. 8:36). Así, invirtiendo en Dios no es una inversión en todo, sino recibiendo una herencia que ya es preparada para usted.

Lograr

Lograr es cosa de motivo. Cuando uno es motivado para lograr un objetivo, él o ella no pueden ser disuadidos por los obstáculos que pueden ser puestos en su sendero. Los obstáculos están simplemente y simplemente esfuerzos por oposición de bloquear su éxito. Cuando aprende de los obstáculos colocados en su sendero, es imposible llegar a ser derrotado. Además, cuando aprende de sus errores usted no repetirá los mismos errores en el futuro. ¡Aprender de sus errores es supremo a su éxito! Pero, los fracasos pueden producir dentro de una inseguridades individuales en ése puede llegar a ser esclavizó a sus errores. Escogemos a cónyuges, las amistades, y otras asociaciones se basaron únicamente en, o basaron suponiendo que un individuo compensa lo que nosotros nosotros mismos falto. El logro que lleva a éxito verdadero reconoce el hecho que usted usted mismo no es perfecto y ni son los ídolos o las personas que usted encuentra ser perfectos. El logro es perseverancia y resistencia, moviendo en la dirección correcta lleva progresivamente a cambio e influencia positivos. La influencia puede ser un de por sí-cuando del factor que motiva usted se da cuenta de primero que cómo influye otros últimamente son una determinación en cómo usted lo ve. Cuando influye otros positivamente, tiene una vista positiva de usted mismo, pero cuando influye otros mal tiene un punto de vista negativo. Los puntos de vista negativos son indicadores o síntomas de ser bajo- estima, ser bajo -estima o auto valor son un indicador de una calidad baja de la vida, o de una falta de contento hacia la vida usted tiene-lo todo se reduce a la apreciación. ¡Tener contento y satisfacción en que usted es es últimamente logro!

Disfrutar

Disfrutar en muchos aspectos de la palabra es reconocimiento. Reconocer a Dios es uno de las realidades y las bases clave que pertenecen a la existencia humana, como seres creados, nosotros hemos sido creados para glorificar nuestro creador por el pensamiento, por la palabra, por el acto, y por la acción (vea Col. 3:17, Matt. 5:16). Cuando tomamos parte en actividades o actos, que no glorifican a Dios que nos dificultamos. Cuando un individuo toma parte en actividades que excluyen la presencia de Dios - él o ella restringen el ungir de Dios, que limita substancialmente el potencial para ambas bendiciones individuales y corporativas. Al aprender de los elementos de dar a Dios la gloria, yo encontré que es imprescindible experimentar su presencia. El reconocimiento personal de la presencia de Dios suelta una verdadera reacción. La comprensión que Dios es- es logrado fácilmente por una relación con él. Sin una relación, Dios hace de hecho está alrededor de usted porque es Dios sin embargo usted no presenciará ni experimentará su bondad. Su bondad es una gama de la protección que proviniendo de favor, y las oportunidades. Cuando un individuo está fuera de Dios él o ella son sujetos a daños y peligros que no son una parte del plan de Dios. Sin embargo, cuando una persona acepta a Jesús como Señor y Salvador creyendo que se murió en la cruz- fue enterrado- y entonces por el poder de Dios – fue levantado otra vez, él o ella llegan a ser identificados con Cristo. Sólo entonces pueda a Dios lo reconoce o ella. Alot de personas indica que creen en Dios, mas descalifican a sí mismo debido a deshonrar los trabajos. La biblia indica que cuando un el individuo confiesa a Dios, pero toma parte en actividades al contrario de su confesión él o ella son desobedientes e incluso mentiras (vea a 1 John 1:6, Titus 1:16, Phil. 2:12-15). Hay una diferencia, y Dios tendrán esos responsable que no cree en él. Dios indica -- por escritura -- que dio a su único hijo a morirse para sus pecados. La única manera de ser reconciliada atrás a Dios y para entrar en el Cielo está por la Puerta, que es Jesucristo él mismo.

Dios, por favor, perdone mis pecados! Vive en mi corazón, hoy!

Resources

The Amplified Bible
Grand Rapids: Zondervan (1965).
Brindle, W. A., Diemer, C. J., Dobson, E. G., Falwell, J., Fink, P. R., Freerksen, J. A., . . . Mitchell, D. R., ... (Eds.). (1975). The King James Study Bible. Nashville, US: Nelson. (Original work published 1988).
NASB
New American Standard Bible
Anaheim, CA: Foundation Press (1973).
Zondervan NIV Study Bible. Fully rev. ed. Kenneth L. Barker, gen. ed. Grand Rapids, MI:
Zondervan, 2002.

CPSIA information can be obtained at www.ICGtesting.com
Printed in the USA
LVOW07s0613160916

504875LV00001B/10/P